Nani y Jay Aprenden Financia

Evelyn Fernandez

DEDICACION

Le dedico este libro a Kiki, Nazi, Kayden, Harlem, Nyla,
Zoie, Nova, Jacob, Caleb, Salem, Elli, Bianca y Mila.
Lo quiero muchos a todos.

Jay y Nani estaban pasando un gran día en el parque. Nani estaba en su bicicleta y Jay estaba montando su monopatín. Aunque Jay se estaba divirtiendo, no podía dejar de pensar en la cortadora de césped que vio a la venta el otro día.

La cortadora de césped cuesta $2500 dólares, pero esta en oferta por $2000. Jay tiene el dinero en su cuenta de ahorros, pero no quiere gastarlo. Si compra este cortacésped, podrá terminar cada patio más rápido y añadir más yardas por semana a su negocio. Más yardas significa más dinero.

Mamá y papá estaban leyendo un libro y relajándose en el sol. Los niños volvieron para tomar un bocadillo y una bebida."Papá, puedo hacerte una pregunta?" "Claro Jay, adelante." "Necesito un nuevo cortacésped para mi negocio, pero no quiero usar mis ahorros porque cuesta mucho dinero. Qué debo hacer?" preguntó Jay.

"Jay, puedes pedirnos prestado el dinero a mamá y yo y no te cobraremos intereses," dice papá. "Pensé que era malo pedir dinero prestado porque entonces tendrías una deuda?" dijo Nani confundida.

"Qué es una deuda?" preguntó Jay.
"Deuda es cuando le debes dinero a alguien.
No quieres deber dinero al banco porque
ellos querrán el dinero que has tomado prestado
más los intereses, recuerdan cuando fuimos al
banco y le expliqué que es interes?
"Sí," responden los dos.

"Ahora, hay deuda buena y deuda mala," continúa mamá. "Eh," dice Nani. "Sí, qué," dice Jay. "La deuda mala es cuando pides un préstamo para comprar algo que quieres, como un gran televisor. La deuda buena es cuando tienes el dinero (como el que tienes en tus ahorros, Jay), pero pides prestado contra él. O cuando pides prestado para comprar algo que te hará ganar dinero, como un negocio o una casa, esto es una forma de inversión."

Deuda Buena

 Casa

 Empresas

 Educación

Deuda Mala

 Pago de carro

 Tarjetas de crédito

 Centro comercial

"Si," dice papá. "Jay, pedir un préstamo contra el dinero que tienes en el banco es bueno porque no tienes que usar tu propio dinero para comprar tu cortacésped. Utilizarás el dinero que nos pidas prestado, guardarás lo que tienes en el banco y cuando recuperes el dinero de tu negocio, podrás devolvernos el dinero."

Papá continúa "pedir prestado contra tu dinero significa que si pides prestados 2000 dólares, prometes que lo devolverás, porque si no lo haces debes darme el dinero de tu cuenta bancaria. Y como estás pidiendo prestado para comprar un activo se convierte en una buena deuda."

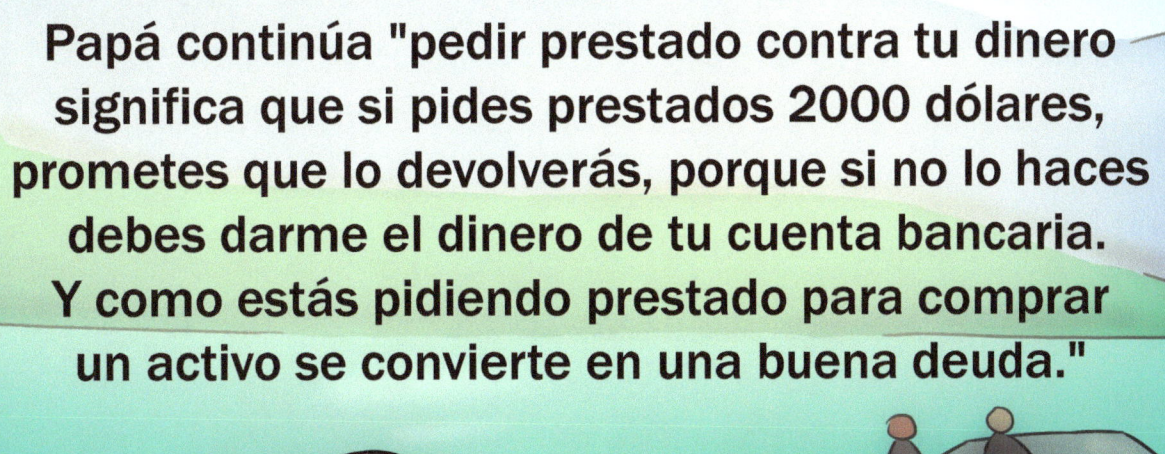

"Qué es un activo mamá?" pregunta Nani.
"Un activo es algo que te hace ganar dinero.
El cortacésped de Jay es un activo porque
con él corta la hierba en los jardines de la gente,
y ellos le pagan por ese servicio." Responde mamá.

"Además, es una buena deuda porque está invirtiendo el dinero que pide prestado en su empresa. Invertir es cuando usas algo de dinero para ganar más dinero," añade papá.

"Algunos adultos están muy endeudados porque piden dinero prestado a los bancos para comprar un carro, y una casa, y ropa, y comida y vacaciones y muchas otras cosas. La mayoría de las cosas son cosas que quieren, no cosas que necesitan."

"Después de pedir un préstamo tan grande,
le deben al banco lo que pidieron prestado más los
intereses. Muchos adultos no ganan suficiente dinero
para pagar al banco rápidamente, entonces acaban
con un montón de deudas malas. Se coje asta diez
o más años para pagarlo todo."

"Normalmente, el banco cobra tantos intereses que es difícil devolver el dinero. Por eso le enseñamos a ahorrar su dinero y a hacer un presupuesto. Planificar con anticipación en qué se va a gastar el dinero le ayudará a no endeudarce."

"Recuerda comprar lo que necesitas con tu dinero primero, y luego, si te sobra, compra lo que quieras. Si no te sobra nada para lo que quieres, espera a tener más dinero. Así es como se evitan las deudas malas."

"Así que Jay, si compras el cortacésped con dinero de tus ahorros, lo pagarás en la tienda y se se ha gastado. Si pides préstado contra tu dinero, podemos prestarte 2000 dólares pero sólo si prometes devolverlo en seis meses, el dinero de tu cuenta se utiliza como garantía. De esta manera, todavía tienes tu dinero en tu cuenta de ahorros por si necesitas algo más. Esto es lo que se llama apalancamiento."

$2000
Ahorros

JAYCIA BANK

Presta $2000

Apalancamiento

"Ok, perfecto, entonces, cuánto dinero
tengo que pagar al mes?" el pregunta.
"Bueno, 2000 dólares desglosados
en pagos iguales durante seis meses
sale a 333 dólares cada mes," dice mamá.
"Como dijo papá antes, usa el dinero que ganes
de cortar el césped para pagarnos cada mes.
De esta manera, compraste tu cortacésped
sin usar dinero de tus ahorros y cuando tus clientes
te pagen ese dinero los usa para pagarnos.
Ves como no has tenido que gastar
nada de tu propio dinero Jay?" pregunta mamá.

$2000

Mes	1	Pago	$333
Mes	2	Pago	$333
Mes	3	Pago	$333
Mes	4	Pago	$333
Mes	5	Pago	$333
Mes	6	Pago	$335

Deuda Buena

"Hemos aprendido algo hoy?" pregunta mamá.
"Seguro que sí," responde Nani. "He aprendido que se puede
puedes pedir dinero prestado en lugar de usar el tuyo,
y que otra persona puede pagar lo que que has pedido
prestado. También aprendí que se puede tener una
deuda si se utiliza para invertir en un activo."

"Y tú, Jay?" pregunta papá. "Aprendí a pedir préstamos conta el dinero en mis ahorros. También aprendí que muchos adultos se endeudan mucho, porque no tienen un presupuesto. Compran las cosas que quieren con el dinero que han pedido prestado, pero estan supuestos a comprarlo con el dinero que ya tienen."

"Bien. Así que, por ejemplo, si haces un ingreso (los ingresos son el dinero que llevas a casa) de 3000 dólares al mes. Deberías desglosar en tu presupuesto, en qué se va a gastar cada dólar, si tiene cosas que comprar que desea, asegúrate de que te sobre el dinero de tus ingresos," dice papá.

"Si no te queda dinero, no pidas prestado dinero del banco para comprar tus necesidades. Esto te llevará a una mala deuda más los intereses, y cada mes tendrás que pedir más para pagar lo que ya debes. Nuestro objetivo es no tener deudas."

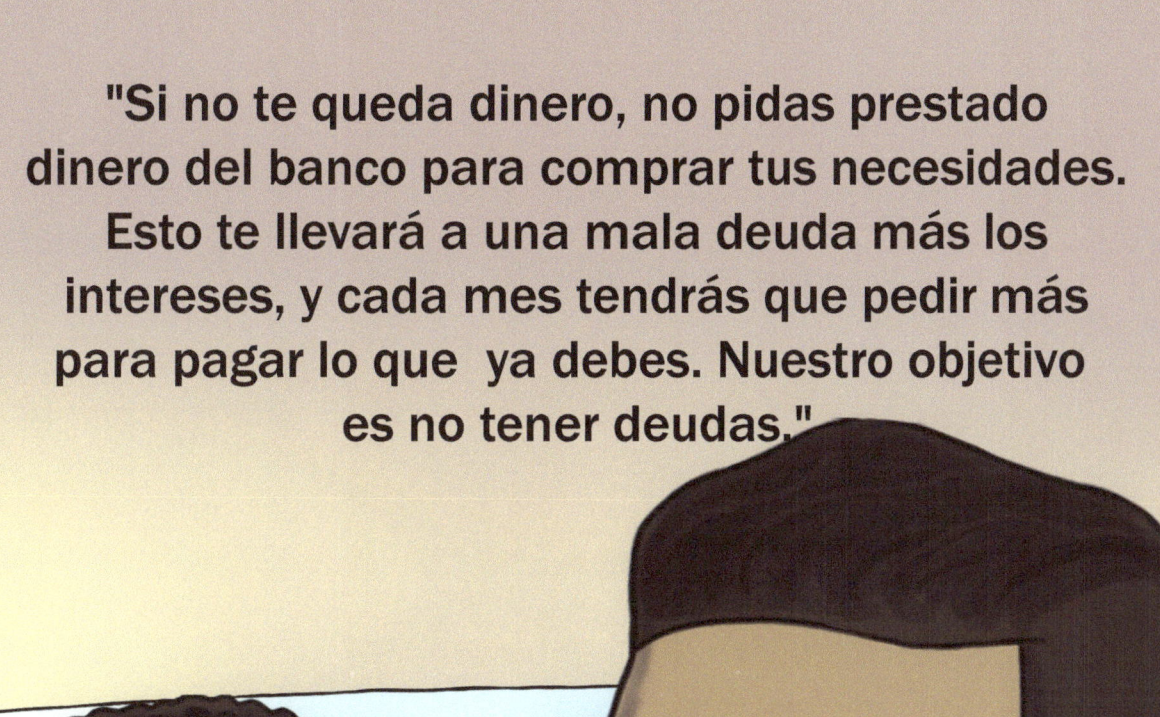